Ich wurde 1994 in Las Palmas auf Gran Canaria geboren. Seit 12 Jahren lebe ich mit 24-Stunden-Assistenz, von dieser werde ich auch unterstützt beim Verfassen meiner Geschichten. Ich habe eine Behinderung, die nennt sich Tetraparese. Ich schreibe schon seitdem ich 6 Jahre alt bin Geschichten. Schreiben ist so magisch und macht die Seele frei. 2020 habe ich mein erstes Buch rausgebracht „Das Leben läuft nicht nach Plan". Ich habe von 2021 bis 2022 eine Ausbildung gemacht zur Schreibpädagogin. Das war endlich möglich, weil Corona die Türen für eine barrierefreie Ausbildung geöffnet hat. Mit meinem neuen Buch will ich euch ermutigen, stärker zu werden und auf eure innere Stimme zu hören, was ihr euch wünscht. Wenn sie mehr über mich und meine Projekte erfahren möchten, finden sie weitere Infos auf meiner Website: Paloma-in-action.de

Paloma Olszowka

Lass deine
Schmetterlingsflügel fliegen

tredition

© 2024 Paloma Olszowka
Umschlag, Illustration: Paloma Olszowka
Lektorat, Korrektorat: Paloma Olszowka
Weitere Mitwirkende: Benjamin Lotz

Druck und Distribution im Auftrag der Autorin:
tredition GmbH, Halenreie 40-44, 22359 Hamburg, Deutschland

ISBN
Paperback   978-3-384-29668-9

Das Werk, einschließlich seiner Teile, ist urheberrechtlich geschützt. Für die Inhalte ist die Autorin verantwortlich. Jede Verwertung ist ohne ihre Zustimmung unzulässig. Die Publikation und Verbreitung erfolgen im Auftrag der Autorin, zu erreichen unter: tredition GmbH, Abteilung "Impressumservice", Halenreie 40-44, 22359 Hamburg, Deutschland.

Inhalt

Vorwort 8
Mein Leben ist wie ein Strudel der Farben seit meine Hypersensibilität erwacht ist 9
Narben 10
Freundschaft lacht 11
Die Natur & die Wunder 12
Die Blume blüht 13
Der Schmetterling & das tanzende Kind 14
Die Gesellschaft 15
Balkon 16
Die Sonne ist so wunderbar 18
Magie des Klaviers 19
Regenbogentanz 20
Denke an dich 22
Der Winter 23
Mein Boot 24
Atmen 25
Salz Pfeffer Zucker 26
Behindertengerechter Space-Untersatz 28
Die Zeit 29
Die Filme 30
Jeder Mensch hat Farben 31

Das Universum	32
Worte haben so viel Macht	33
Die Liebe kommt und geht wie der Fluss des Lebens	34
Party, Party!	35
Lachen ist für Alle da!	36
Die Dinge in meinem Zimmer	37
Wolke	38
Welche Pflanze bin ich?	39
Der Wind	40
Die Entstehung eines Schmetterlings	41
Die Wurzeln aller Haare	42
Die Augen des Lebens	43
Die Hände im Kreis halten	44
Wach auf Menschheit!	45
Trommeln macht die Seele frei	46
Feuer, Wasser, Erde, Luft, die 4 Elemente des Lebens	47
Die Türen des Lebens	48
Sprüche fürs Leben, die im Kopf bleiben & im Herz	49

Vorwort

Ich möchte mich bei allen Menschen bedanken, die mich bei der Entfaltung meines Lebens unterstützt haben und meine Erkenntnisse, die ich gesammelt habe. Ein Dank geht an Lisa Dornbusch, die schon jahrelang an meiner Seite ist und mit mir kämpft. Ein Dank geht an einen sehr inspirierenden Menschen, der mich heute noch sehr inspiriert mit seinen Gedanken und seinem starken Willen, etwas im Leben zu verändern. Ein Dank an Benjamin Lotz für das Cover, das er gemalt hat. Und ein Dank geht an meine Assistenzen, die mich bei meinem Schriftstellerinnen-Dasein immer unterstützen – danke, dass ich euch gefunden habe!

Mein Leben ist wie ein Strudel der Farben seit meine Hypersensibilität erwacht ist

Seit ich denken kann, bin ich sensibler als andere. Ich habe immer gedacht, ich bin zu sensibel für die Welt. Aber das stimmt gar nicht. Ich nehme sie nur anders wahr. Wenn meine Mitmenschen sagen „Es ist doch nicht so laut!", dann nehme ich das 3x so laut auf. Denn meine Ohren wollen immer alles hören und meine Sinne wollen immer alles fühlen und mein Gehirn möchte immer denken. Bis ich erstmal herausgefunden habe, was mit mir los ist, war es ein langer Weg. Es werden immer neue Erkenntnisse dazu kommen. Ich freue mich über Einzelheiten, bin wie ein Schmetterling, der über die Felder fliegt oder ein Musikstück, was mich gerade bewegt. Aber es gibt auch die andere Seite meiner Hochsensibilität. Ich merke bei jedem Menschen wie es ihm gerade geht, spüre seinen Herzschlag und wie sein Atem durch den Körper fließt. Und so nehme ich auch Gefühle anders wahr, als die meisten Menschen. Deswegen bin ich auch mitfühlender und das ist manchmal richtig anstrengend, vor allem wenn man eine 24-Stunden Assistenz hat. Es ist nicht so leicht, für dieses pausenlose Zusammensein die richtigen Menschen zu finden. Ich bin glücklich euch gefunden zu haben und bin zurzeit dankbar, dass mein Team so ist, wie es ist.

Auch wenn es nicht immer leicht ist, würde ich mich nicht anders haben wollen.

Ich kann nicht ändern, was in dieser Welt gerade los ist. Ich kann aber meinen eigenen Beitrag leisten, damit die Welt sich selber heilt. Ich kann Menschen bei ihrer Entfaltung unterstützen.

Narben

Deine Gaben sind deine Narben,
du musst sie nur ertragen
& sie mit ins Grabe tragen.

Freundschaft lacht

Freundschaft macht uns manchmal traurig
bis sie wieder neu erwacht…
aus den Herzen in uns.
Freundschaft ist wie Kunst,
man muss sie pflegen & hegen,
dann kann sie überleben…
und Küsschen geben
und Küsschen nehmen
und darüber reden.
Wir gehen zusammen ins Leben,
komme was wolle,
auch ein Erdbeben.

Die Natur & die Wunder

Die Natur gibt uns so viel,
aber wir nehmen sie heutzutage kaum noch wahr.
Jede Blüte, jeder Stein,
gibt uns die Kraft, am Leben zu sein.
Wir Menschen sind aus der Natur geboren,
aber wir denken, wir wären etwas Besseres.
Da der Verstand uns leitet,
aber nicht die Sinne und der Geist, der fliegen muss.
Weil die Natur durch Fernsehen und die heutige
Wissenschaftsepoche in Vergessenheit geraten ist,
können wir nicht mehr richtig atmen.
Wir können nicht mehr die Gefühle richtig ordnen
und auf das Herz hören, das für uns schlägt...
jede Stunde, jede Minute, jede Sekunde.
Wir sollten auf die Bäume hören,
wie sie im Wind wehen
und der Wind durch die Baumwipfel streicht.

Die Blume blüht

Die Blume blüht so seicht und so leicht,
denn sie blüht aus Fantasie und sie versiegt nie.
Die Blätter lieben sie,
auch die Pollen, die fliegen im Wind,
wie ein singendes Kind.

Der Schmetterling & das tanzende Kind

Ich bin ein Kind und will mich so frei fühlen wie ein Schmetterling,
mich in die Lüfte heben und Segen bringen.
Der Schmetterling soll auf meiner Nase sitzen
und mich mit Blütenstaub bestäuben.
Lass uns durch die Felder flüchten
und nie mehr wiederkommen.

Die Gesellschaft

Die Gesellschaft hält uns klein,
weil wir alle wie Glühwürmchen
in der Masse mitschwimmen sollen.
Aber die Kraft des Lichtes leuchtet alleine
in unseren Herzen.
Wir haben gelernt, dass alleine sein
uns Angst macht und dass wir nur
gemeinsam überleben können.
Aber alleine sein tut auch mal gut…
sich einfach der Masse entziehen.
Einfach in uns das Zuhause und
den Ruhepunkt finden.
Wir müssen lernen, für uns da zu sein…
und das Licht alleine wieder zu
entfachen, wenn es erlischt.
Wir sind Botschafter unseres Lebens.
Und wir können uns selber beschützen auch wenn wir denken,
dass wir nicht dazu in der Lage sind.
Wir bestimmen unser Leben,
auch wenn das Leben nicht planbar ist.
Deshalb gibt es auch Licht und Schatten.
Und auch wir müssen uns lieben lernen.
Ich glaub an euch, an eure innere Stärke.

Balkon

Wenn ich auf dem Balkon draußen sitze,
und meine Augen schließe
und bei mir bin,
dann bin ich ein Vogel.
Oh ja!
Ein Vogel will ich sein!

…der einfach fliegt
und die Welt erkundet
und in den Baumwipfeln sitzt
und die Felder betrachtet.

Oh ja, das wär´ so wunderschön!
Denn ich betrachte die Welt gerne von oben und von unten,
von allen Blickwinkeln dieser Welt.

Die Welt kann so Vieles sein:
Schön.
Manchmal auch traurig.

Oh ja, ich wär´ gerne ein Vogel!
Wenn mir der Wind durch die Federn saust
und ich so schnell dorthin fliegen kann, wo mein Herz

mich hinträgt
Und wo ich einfach für mich sein kann
wo es keine Grenzen gibt,
dann bin ich frei.

Den Traum habe ich jeden Tag.
Wenn ich auf dem Balkon sitze
und in mich gehe,
bin ich ein Vogel
für eine halbe Stunde pro Tag.

Die Sonne ist so wunderbar

Die Sonne ist schon was Wunderbares,
denn sie ist schon so lange ein Teil des Universums.
Sonne
Sie ist das Licht in unseren Herzen
und kann uns wärmen,
wenn wir traurig sind.

Oh ja, dich gibt es schon so lange.
Seit ich denken kann, umkreist du die Erde.
Du bist die große Schwester aller Sterne.
Herzlichen Glückwunsch!
Die kleineren Sterne funkeln in der Nacht so hell
und machen uns froh.
Ich liebe dich, Sonne,

denn du wirst irgendwann verglühen.
Aber das macht nichts,
denn wir werden alle irgendwann die Erde verlassen.

Magie des Klaviers

Wenn ich die Augen schließe,
höre ich dich.

Ich sitze auf dem Hocker vor dir
und streiche über deine Tasten,
spiele jede einzelne Taste.

Wenn ich dich höre,
will ich sofort aufstehen und Figuren tanzen…
als würde ich auf der Bühne stehen.
Einmal drehen und hopp,
Plie und so weiter und so fort.
Ja, ich bin eine kleine Ballerina.

So gerne höre ich dir zu,
wie du deine Töne für die Welt ertönen lässt.
Du bringst mich zum Träumen.
O ja, mit dir würde ich überall tanzen,
egal wo ich bin,
wenn ich dich nur höre.

Regenbogentanz

Sobald ich einen Moment für mich bin
und tief einatme und ausatme
und Musik höre,
tanze ich innerlich wie wild
 einen Regenbogen-Kreis.

Ich dreh mich und dreh mich
und lass den Beat durch meinen Körper fließen.
O ja, ich lass den Beat durch meinen Körper fließen.
Ich grinse vor mich hin,
wie ein Smiley mit Küsschen.

Wenn ich innerlich tanze,
vergesse ich die Zeit um mich rum.
O ja, dann vergesse ich die Zeit um mich rum.
Alles ist nicht mehr wichtig,
nur ich und die Musik.

Egal, was ich zu tun hab:
für diesen Augenblick bin ich bei mir
und ich tanze wie ein Regenbogen.

Mein Körper sprüht vor bunten Farben.

Ich stelle mir vor, dass ich aus verschiedenen Farben bestehe und jeder Schritt eine andere Farbe ist.

Mein Herzschlag ist so stark mit meinen Farben verbunden… fürs Leben.

O ja, mein Herz ist so schön.

Ich liebe den Tanz.

Wir sehen uns allezeit, Küsschen, Regenbogen, wir sind eins!

Denke an dich

Die Gardine weht im Wind.
Und ich denke an dich.
Und ich sehe nach draußen.
Und ich denke an dich.
Und die Sterne glitzern am Horizont.
Schön, wenn wir uns wiedersehen.

Der Winter

Es wird wieder kälter und die Nasen frieren ein
und die kalte Brise erfrischt das Gesicht.
Du lässt uns erzittern und die Füße wieder erfrieren
und dann steht Weihnachten wieder vor der Tür.

Mit Plätzchenduft und Zimtschneckentee vor dem warmen Kamin…
da ist mal wieder Zeit in sich zu gehen und das neue Jahr zu visualisieren.

Das Jahr ging so schnell rum.
Bum bum

Mein Boot

Ich am blauen Meer
fahre mit dem Boot,
fahre mit dem Boot
auf das Wasser hinaus.

Das Wasser ist schön blau
und ich genieße die Sonnenstrahlen
und die Vögel zwitschern.
Über mir fliegen die Vögel so weit
und ich merke, wie der Wind meine Wangen berührt.
Und ich mach mir keine Sorgen um nix,
keine Sorgen um nix.

Atmen

Atmen ist das Lebenselixier
welches wir oft vergessen,
weil das Leben so schnell vergeht.

Aber wir sollten auf den Körper mehr achten,
auch wenn wir andere Sachen im Kopf haben.
Denn atmen löst die Verspannungen
und man ist besser gelaunt.

Salz Pfeffer Zucker

Es war neulich am Frühstückstisch. Das Salz und der Pfeffer und der Zucker lauschten wieder einmal, wie eine Familie sich stritt und das Salz sagte: „Ich kann das Gequatsche nicht mehr hören, was die Menschen von sich geben!" und der Pfeffer stimmte lauthals zu: „Genau ich brüll' die gleich an, wenn die nicht mit dem Diskutieren aufhören, aber leider habe ich keinen Mund.". Darauf rief der Zucker: „Hört doch auf euch zu streiten, das bringt doch alles nichts!" „War doch klar, dass du dich wieder einmischst", sagte der Pfeffer, „Du Zucker bist ja auch zuckersüß." Und der Zucker lief rot an.

„Wisst ihr warum die Menschen so kompliziert sind?", sagte das Salz, „Weil sie einfach zu gestresst sind und außerdem die Liebe nicht verstehen, die ja auch nicht immer einfach ist und weil sie zu wenig miteinander reden, wenn sie Probleme haben." „Ja, ich glaube das auch", stimmte der Zucker ihm zu, „Sie müssten mal eine Fortbildung machen, wie man sich am besten verhält, damit die Menschen nicht immer Depressionen bekommen und sich streiten." „Papperlapapp", sagte der Pfeffer, „wo kommen wir denn da hin, hört doch auf mit dem Kindergarten. Das Leben ist halt mal pfeffrig und salzig und süß, sonst wäre das Leben langweilig." „Da muss ich dir Recht geben", musste der Zucker ihm zustimmen, „Aber ich finde sie sollten einfach lernen besser zu kommunizieren, damit es keine Ausbeutung und Ungerechtigkeiten und keinen Hass mehr gibt überall auf dieser Welt. Wir merken doch, wie die Menschen und der Planet leiden!"

„Ja, ist schon gut", sagte das Salz, „hör endlich auf mit deinem süßen Gehabe. Ich weiß, dass du nur alles immer gut meinst, aber so einfach ist das nicht. Es muss ein Umdenken in der Menschheit stattfinden, damit das funktioniert. Ich habe mal meinen Freund Pfeffermühle gefragt und er hat mir auch Recht gegeben." Bis es noch was erwidern konnte, wurde es hochgehoben und durfte von seinem Salzkörper was abgeben. Das war immer ein komisches Gefühl, dachte das Salz, wie ein Luftzug. Wenn ich was von meinem Salz abgeben muss, weil die Menschen brauchen ja Salz um zu überleben, dann dachte sich das Salz, gebe ich es gerne ab. Als das Salz die Aufgabe erledigt hatte, kam es zurück und fragte den Zucker: „Wo war ich jetzt? Ach bei den Menschen und bei meinem Freund Pfeffermühle."

„Ja ich weiß", sagte der Zucker, „Was sollen wir jetzt machen, damit die Menschen wieder zur Vernunft kommen?" „Ach, ich habe eine Idee!" sagte der Pfeffer. „Wir könnten ja eine Demo machen für die Menschen und alle Salz- und Pfeffer- und Zuckerstreuer müssen mitmachen!". „Ja, genau!", sagte der Zucker, „Ich rufe mal alle an." „Hurra!", sagte das Salz, „So machen wir's, aber du musst dich unbemerkt zum Telefon schleichen damit sie nichts merken!" Gesagt getan, ein paar Tage später gingen sie allesamt auf die Straße und die Menschen wunderten sich, warum es kein Salz und kein Pfeffer mehr im Haus gab, und wie geplant ging die Sache auf: Es wurde endlich ein Umdenken der Menschen dadurch ins Leben gerufen. Denn als die Gewürze endlich wieder zurück in den Küchenschränken waren, waren die Menschen so froh das geliebte Salz, den Pfeffer und den Zucker wieder zu haben, sodass es wirklich zu spüren war, dass sie ohne diese Gewürze des Lebens nicht leben konnten.

Behindertengerechter Space-Untersatz

Hi mein geliebter Space-Untersatz,

danke, dass du so Space bist. An deiner Gesundheit müssen wir noch feilen, damit wir schnell wieder die Welt befahren können. Vielleicht brauchst du ja einen hydrodynamischen intergalaktischen Auspuff oder ein selbstreparierendes Gestell. Dann müsste nicht immer der Mechaniker kommen und ich hätte mehr Zeit für mich.

Danke, dass du meinen Popo 24-7 aushältst. Jeder sollte so einen spacigen hydrodynamischen intergalaktischen Turbo- Rolli haben. Mit dir unterwegs zu sein ist immer ein Abenteuer und was das Leben sonst noch so bringt. Jede Kante, jede Stufe und Treppe lassen mich Rodeo reiten; weil die Welt noch nicht so barrierefrei ist, wie wir das eigentlich bräuchten. Aber trotzdem bist du mein Space, mein Band zu der Gesellschaft. Ohne dich könnte ich nicht durch die Galaxie düsen.

Der Regen macht dich aber auch immer älter, da kannst du nichts für. Mein alter Space-Freund. Aber leider musst du auch mal in Rente gehen, dann darfst du mir einen neuen Space aussuchen, kennst ja alle meine Rundungen mit allen Tiddeldies und Tiddeldeis.

Fühl' dich besessen, deine Paloma in Space!

Die Zeit

Die Zeit, oh die Zeit ist so wertvoll.

Die Zeit rast uns davon im Leben und geht so schnell vorbei. Wir wissen nicht wie lange wir leben. Deshalb sollte man keine Angst haben, Risiken einzugehen und verletzt zu werden.

Verletzungen können weh tun. Aber wenn man mal die andere Seite sieht, kann man aus Fehlern lernen. Oder auch nicht.

Es ist immer ein Lernprozess. Jeden Tag.

Die Zutaten für den Lebenskuchen sind immer in einem selber verborgen, für das Leben, was man führen möchte.

Also genießt die Zeit mit euch selber.

Die Filme

Die Filme geben uns Zeit zum Träumen und zum Nachdenken. Wir Menschen sind so schlaue Geschöpfe, wieso können wir es nicht einfach umsetzen? Wir leben um zu arbeiten. Wir müssten mal zurück zur Steinzeit ohne die ganze Technik, die uns manchmal die Gehirne vernebelt. Um einfach mal Mensch sein zu dürfen.

Jeder Mensch hat Farben

Es ist eine Ehre, die Farben der Menschen zu sehen, wenn man gewillt ist, sie zu zeigen. Es ist eine Gabe, wenn man sie sehen kann.

Das Universum

Wir können das Universum kaum begreifen. Wenn wir ins Weltall fliegen, bestaunen wir die Sterne und sind fasziniert vom schwarzen Nichts. Dort, wo die Sterne einzeln leuchten und die Planeten einfach in der Luft schweben. Die Nordlichter zeigen uns, wie wunderschön und einzigartig die Lichter sind. Genau wie das Leben sind die Nordlichter im ständigen Wandel, auf den wir keinen Einfluss haben. Ebenso wie die Zeit, die wir auf der Erde haben und die Liebe, die wir füreinander empfinden.

Worte haben so viel Macht

Die Worte des Lebens sind wie eine Melodie. Wir müssen jeden Tag lernen, sie richtig zu spielen. Wir müssen aber auch verstehen, dass Worte so viel Macht haben, denn sie können das ganze Leben verändern, egal ob zum Guten oder zum Schlechten. Wir dürfen die Worte im Herzen nicht verschließen, weil sonst kann man im Leben nichts verändern, wie zum Beispiel den Krieg. Deine Sorgen und Ängste sollten dich nicht davon abhalten, deine Gedanken und Emotionen mitzuteilen, auch wenn du nicht weißt, was dich erwartet. Trau dich!

Die Liebe kommt und geht wie der Fluss des Lebens

Die Liebe kommt und geht. Ich hoffe sie bleibt für immer für mich im Herzen da. Die Liebe kann so Vieles sein. So viele Facetten hat die Liebe; z.B. freundschaftliche Liebe oder Seelenverwandtschaft. Liebe bleibt für immer und ewig. Die Liebe verändert sich stetig, kann aber auch wachsen. Eigentlich ist die Liebe wie ein Baum. Erstmal ist der Baum klein und dann wächst er und wächst und bekommt Blüten. Wie ein Strudel des Lebens. Aber sie können alt werden, so wie die Liebe. Doch wenn man bereit ist, miteinander zu wachsen und zu kommunizieren, durch Dick und Dünn zu gehen, Respekt und Wertschätzung zu zeigen, dann wächst die Liebe immer weiter. Also, so ist das mit der Liebe und den Bäumen 😊

Party, Party!

Jeden Tag ist eigentlich Party, aber wir Menschen sind von allem gestresst, was wir tun und schauen gar nicht mehr genau hin. Wie die Uhr die Zeit angibt, ist uns manchmal viel zu schnell. Jetzt ist es aber an der Zeit, mal wieder für sich selber im Inneren da zu sein, denn das Leben ist viel zu kurz, um sich nicht jeden Tag zu feiern. Wir können uns glücklich schätzen, am Leben zu sein, denn jeden Tag kann etwas passieren, darauf haben wir keinen Einfluss, nur auf uns selbst und wie wir uns selber sehen. Also gebt euch allen ein Küsschen aus der Ferne, egal wo ihr seid.

Lachen ist für Alle da!

Das Leben ist zu ernst, deshalb lacht man zu wenig. Aber ich liebe es zu lachen. Lachen steckt an, es ist wie ein Lauffeuer, man muss es nur entzünden. Einmal angefangen, berührt es jede Seele und jeder Schmerz ist für eine Sekunde versiegt. Es gibt so viele unterschiedliche Arten zu lachen. Kommt es jedoch von Herzen, so ist es gütig und aufrichtig.

Also, liebe Menschen da draußen, schickt alle ein Lächeln in die Ferne, sodass die Menschen, die es am dringendsten brauchen, dran erinnert werden, das Lachen nicht aufzugeben.

Die Dinge in meinem Zimmer

Die Regentropfen an meinem Fenster tropfen vor sich hin.

Der runde Übungsball rollt durch den Raum.

Der kaputte Wäschekorb steht und wartet auf die knarzende Tür.

Leuchtende Sterne an der Zimmerdecke rufen der Lüsterklemme etwas zu.

Die Feen auf der Uhr fliegen los zum Rüschenkissen.

Der abgewetzte Hocker blickt die ausgefranste Gardine lieblich an.

Wolke

Ich würde gerne mal auf einer Wolke sitzen und Tagebuch schreiben.

Einfach mit der Wolke fliegen und in den Himmel schauen.

Einfach frei sein.

Welche Pflanze bin ich?

Ich finde, die Pflanze sieht groß aus und stark.

Ich frage mich, welche Pflanze sie ist.

Was sie wohl erlebt hat?

Ich finde, die Pflanze sieht groß aus und stark.

Ich denke: sie liebt die Sonne, weil sie sich zur Sonne hinneigt.

Ich finde, die Pflanze sieht groß aus und stark.

Ich frage mich, welche Pflanze sie ist.

Der Wind

…rauscht.

…durch meine Haare.

Der Wind ist nicht da,

weil es so warm ist.

Oh Wind, ich brauche dich.

Nur eine Brise.

Oh Wind, kühle meine Haut.

von der warmen Brise des Sommers.

Wind, sag mir bitte, was meine nächste Reise ist,

ich weiß es nicht.

Vielleicht kannst du jemand da oben fragen.

Man weiß es nicht, wer da oben ist.

Tschüss Wind, bis zum nächsten Mal.

Die Entstehung eines Schmetterlings

Oh du Schmetterling,

du glitzerst in der Sonne so warm und du fliegst soweit über alle Felder und über alle Meere und alle Berge. Mit jedem Flügelschlag kommst du weiter im Leben, aber du musstest auch eine lange Reise auf dich nehmen, denn du bist aus einem Kokon geboren und aus einer Raupe gereift.

Du faszinierst mich jeden Tag. Mit dir kann man so viel lernen, so dass man sich immer neu entfaltet.

Oh ja ich will ein Schmetterling sein.

Die Wurzeln aller Haare

Die Wurzeln meiner Haare sind so lang gewachsen. Aus den Wurzeln kommen meine Haare und wenn man sie wachsen lässt, werden sie so lang wie sie wollen und sie umrahmen alle Gesichter dieser Welt. Oh ja, mit den Haaren kann man so viel machen.

Und sie riechen so lecker, wenn man an der frischen Luft war:

nach Frieden, nach Sonne und Geborgenheit, die die Haare speichern. Und wenn man sie abschneidet, wachsen die Haare immer nach, wie die Natur auch.

Und wenn man sich nicht gut fühlt, fallen sie aus. Deshalb sollte man immer auf die Haare hören, wenn man nicht mehr mit sich und der Natur verbunden ist. Ich liebe euch, Haare, denn ihr seid wunderschön.

Auch wenn ich graue Haare habe, liebe ich sie, weil ich dann weiß, dass mein Leben erfolgreich war.

Wenn man früh graue Haare bekommt, dann weiß man, dass man früh am Ziel angekommen ist.

Die Augen des Lebens

…sehen so viel,

aber wir möchten manchmal auch nicht alles sehen, was an Schmerzvollem in der Welt passiert.

Deshalb ist es so wichtig, dass wir auch mal die Augen schließen, wenn es uns zu viel wird.

Aber wir sollten auch mal wieder öfter die Augen öffnen und schauen, was so Schönes in der Welt passiert.

Also traut euch, beides zu versuchen.

Ich kann euch nur verraten… es lohnt sich!

Die Hände im Kreis halten

Die Hände sind was Wunderbares, denn sie können verbinden, ineinanderflechten und wieder auseinandergehen.

So ist der Kreislauf des Lebens aber ich würde mir wünschen, dass die Hände wieder verbunden werden wie im Kreislauf des Lebens.

Und sie wieder in die Erde getaucht werden und dreckig werden können und nach Luft und Liebe riechen.

Ein Hoch auf schmutzige Hände. Die Hände können so vieles tragen, haben so vieles erlebt.

Aber wir schämen uns nur, wenn sie Narben oder Schwielen tragen.

Zeigt eure Hände, nehmt sie hoch und zeigt wie wunderbar sie sind.

Sie haben so viel zu erzählen!

Wach auf Menschheit!

Liebe Menschen im Gesundheitswesen, Ärzte und Begutachter und alle Menschen die leider den Papierkram erledigen müssen. Ich weiß nicht auf welcher Uni Ihr wart, aber habt Ihr nicht gelernt zuerst hinter den Menschen zu sehen bevor Ihr eine Diagnose stellt. Oder lieg Ich da falsch?

Verdammt nochmal! Seht bitte genau hin, was der Mensch braucht um wieder ins Gleichgewicht zu kommen, es könnte auch mal was anderes als Medikamente sein, was den Menschen hilft.

Ihr wollt doch auch wenn Ihr zum Arzt geht ernst genommen werden oder nicht? Ohne direkt verurteilt zu werden.

Oder die Gutachten die Ihr schreibt, die den Kern des Menschen, der vor euch sitzt, gar nicht ausmachen. Ich weiß das Ihr keine Zeit habt aber nehmt es euch bitte zu Herzen. Es bringt was!

Wenn Ihr euch unsicher seid, könnt ihr uns gerne immer fragen. Ihr seid auch nur Menschen trotz Studiums.

Wir sind gerne dazu bereit euch Rede und Antwort zu stehen.

An die Menschen die leider in den Behörden sitzen, gilt das gleiche! Fragen kostet nichts.

Ich möchte wieder das wir uns auf Augenhöhe begegnen.

Wir müssen anfangen, wieder wie eine Erde zusammenzustehen. Wir sind nicht Eckig, sondern Rund.

Das wäre eine Maßnahme die Ich mir für uns alle wünschen würde.

Wenn eure Augen, wie die eines Kindes, die Welt betrachten würden.

Trommeln macht die Seele frei

Als ich mich davon angezogen gefühlt habe, mir eine Trommel zu kaufen hatte ich erstmal Bedenken, was mein Freundeskreis davon halten würde, wenn ich jetzt auch noch eine Trommel habe. Aber man sollte sich nicht beeinflussen lassen was die Gesellschaft von einem denkt. Aber ich habe auf mein Herz gehört, das mich dann zu meiner Trommel geleitet hat. Nach Essen, das ist eine Stadt, durfte ich reisen. Diese Garage war für mich wie ein Neuanfang. Ich habe mich da wie ein Kind aus dem Zauberwald gefühlt, was so viele Dinge anschaut und am liebsten alles haben möchte. Aber leider war mein Rollstuhl nicht dafür geeignet alles mitzunehmen und das Finanzielle war auch ein Aspekt. Aber ich habe es mir in meinen Gedanken vorgestellt, was die Menschen brauchen könnten. Und dieser Tag wird mir ewig im Gedächtnis bleiben, weil ich mich dort so leicht gefühlt habe wie ein Trommelkarussell. Seit die Trommel in meinem Leben ist, trommle ich jeden Tag auf ihr und wir sind eins. Die Trommel beruhigt mich und gibt eine sichere Kraft in meinem Herz, so wie ich dies noch nie gespürt habe und zeigt mir, dass ich weiterhin sicher bin. Ich bin ihr so dankbar, weil sie mich auf schamanische Reise geschickt hat. Ich schließe meine Augen, sitze im Kreis und höre sie in meinen Ohren und sie schwingt mir ein Lied des Lebens.

Feuer, Wasser, Erde, Luft, die 4 Elemente des Lebens

Das Gras weht im Wind und singt ein Lied von den Regentropfen, die im Ozean versiegen. Der Ozean singt ein Lied von den Fischen, die im Ozean schwimmen. Das Feuer singt ein Lied von der Erde. „Die Erde ist so fruchtbar, wir müssen nur in sie eintauchen". Und der Wind singt zu dem Feuer: „komm, ich wehe dich aus". Dann kannst du wieder neu entfachen."

Und so geht der Kreislauf des Lebens von vorne los!

Die Türen des Lebens

Man weiß nie, welche Türen sich im Leben öffnen oder schließen.

Aber hinter jeder Tür ist ein Labyrinth. Man muss sich nur entscheiden welche man nimmt, so dass der Weg leuchtet. Auch wenn man Abzweige genommen hat, ist es am Ende der richtige Weg. Ich glaube daran, egal was man erlebt hat, dass am Ende schon der richtige Weg für euch leuchtet. Ganz bunt... grün, blau, lila und gelb!

Egal welche Fehler Ihr gemacht habt, jeder trägt die Entscheidungen in seinem Herzen. Man kann ein bisschen das Leben noch lenken. Wenn man das alles gemacht hat, gehe ich davon aus, dass jeder am Ende eine bunte Tür verdient hat. Sie leuchtet und sagt: „Herzlichen Glückwunsch, Sie haben erfolgreich Ihr Leben beendet. Mit allen Höhen und Tiefen die es im Leben gab. Jetzt könnt Ihr euch endlich entspannen, lachen und ganz viel essen im Spaß-Land. Jetzt müsst ihr keine Erwartungen mehr erfüllen, die ihr an euch selber hattet.

Sprüche fürs Leben, die im Kopf bleiben & im Herz

1) Nimm dich nicht so ernst, nimm dich mit Humor. Egal, was die Zukunft bringt.
2) Ich weiß, dass das Leben manchmal nicht fair ist, weil so viel Ungerechtes in der Welt passiert. Aber wir können nur füreinander da sein und das Beste draus machen. Wir sind nun mal hier auf der Erde ☺
3) Sich selber zu sehen ist so wichtig.
4) Sich besser zu kennen als sonst irgendwer, ist Heilung für dich selber.
5) Schenk dir ein Lächeln jeden Tag und tanz' mit dir selber um die Wette.
6) Du bist dein*e beste*r Freund*in. Jeden Tag kannst du dich verändern.
7) Meditieren ist so lebenswichtig für Seele und Geist. Probiere es aus, auch wenn du sagst, es bringt nichts, gib nicht auf, probiere es mehrere Male. Es lohnt sich ☺
8) Am Leben zu sein ist ein Wunder, weil du dich durchgeboxt hast. Genieß es! Herzlichen Glückwunsch.
9) Jeder ist der Künstler seines Lebens.
10) Man macht Fehler im Leben, aber es ist ganz wichtig, sie zu erkennen und daraus zu lernen.
11) Die Poesie ist das Fenster zur Seele.
12) Wenn die Nacht so schwarz ist, ist sie so ruhig und die Augen blicken in den Sternenhimmel hinauf. Und dann freut man sich auf den nächsten Morgen.
13) Lass deine innere Sonne raus. Los geht's!
14) Manche Schicksalsschläge verändern das Leben, und man sollte nie etwas bedauern.

15) Sich mit sich selber zu beschäftigen ist wichtig. Also nimm dein Leben in die Hand, damit du dich besser verstehen lernst. Ich glaub an dich.
16) Das Leben ist nicht planbar und nur teilweise beeinflussbar. Also leb dein Leben.
17) Man muss selber erkennen, was man im Leben braucht, da kannst Du Dir nur selber helfen.
18) Du lebst nur einmal.
19) Vergiss nicht Kind zu sein und Deine Erwachsenen-Seite links liegen zu lassen.
20) Die Welt gibt uns so viel, aber wir nehmen sie kaum noch wahr. Also Augen auf und schaut, wie wunderschön die Welt eigentlich draußen blüht.
21) Jeder Moment des Lebens ist ein Geschenk. Also lebt das Leben, das ihr euch wüscht, egal, was die Gesellschaft von euch denkt.
22) Wir sind alle bunt – glaubt daran!
23) Auch wenn man busy ist, darf man nicht vergessen, zu lachen und einen Moment innezuhalten.
24) Ein Duft kann die Laune heben, man muss nur dran kleben und die Nase anheben!
25) Man sollte nie an sich zweifeln – man kann Berge versetzen mit einem starken Willen.
26) Sei für dich da jeden Tag und nimm dich ganz, ganz fest in den Arm.
27) Man muss nicht Erfolg haben, um erfolgreich zu sein.
28) Man kann jeden Tag an sich selbst wachsen und sich ändern – auch wenn man denkt „Es geht nicht" oder „So bin ich eben". Also ran an das Gedächtnis! Es ist dazu da, um sich jeden Tag zu verändern.
29) Jeder Tag ist eine Entscheidung, das Leben neu zu beginnen.

30) Wenn man sich klein fühlt, muss man sich innerlich größer machen als man ist.
31) Man muss erstmal für sich selbst da sein, damit man für Andere da sein kann.
32) Tiefe Freundschaften sollte man jede Sekunde genießen, wenn man Zeit dazu hat und sie immer hegen und pflegen.
33) Das Glück kann man selbst in die Hand nehmen, also trau dich!

Die Sprüche sind für dich! Nutze sie, damit du im Leben weiterkommst. Sieh sie dir an, jeden Tag - viel Spaß!